DISCOURS

PRONONCÉS A L'INHUMATION

DE

M. ALEXANDRE-EUGÈNE BOISARD

MANUFACTURIER A EVREUX,

CONSEILLER MUNICIPAL,

ADMINISTRATEUR DE LA BANQUE DE FRANCE.

PAR

M. LABBÉ, CONSEILLER MUNICIPAL

ET PAR

M. LUCAS, MANUFACTURIER

le 17 novembre 1890

DISCOURS

de M. L. LABBÉ

Messieurs,

Au moment où la tombe va se refermer si prématurément sur celui que tous ici nous regrettons, je crois de mon devoir de venir vous rappeler en quelques paroles la vie de cet homme de bien qui a rendu tant de services à la ville d'Evreux et qui était l'ami de tous ceux qui l'ont vraiment connu.

M. Alexandre-Eugène Boisard est né à Evreux en 1825. Ses débuts furent fort modestes. Il fréquenta tout d'abord l'école que dirigeait alors M. Lainé, instituteur communal. Puis il entra au collège d'Evreux, où il passa quelques années et où tous ses condisciples savaient déjà l'apprécier. Entraîné par l'amour et le désir ardent du travail, il le quitta avant que ses études fussent complètement terminées ; mais tout en s'occupant déjà des affaires, sa mémoire prodigieuse et son intelligence lui permirent d'acquérir rapidement par la lecture ce qu'il avait pu négliger au collège. A dix-huit ans, son père avait en lui une si grande confiance, lui avait reconnu une intelligence telle qu'il l'envoyait au loin pour les besoins de son industrie : on peut même dire que, dès 1850, M. E. Boisard dirigeait la fabrique. M. Boisard se maria en 1853 et, à partir de ce moment, son père se dessaisit de sa maison de commerce.

Son désir de donner un plus grand essor à ses affaires suggéra à M. E. Boisard l'idée de monter à Evreux un tissage mécanique. Grâce à ses aptitudes, à son intelligence, à sa force de volonté, il réussit à l'installer malgré les difficultés de toutes sortes et l'hostilité cachée ou ouverte qu'il rencontra de tous côtés. Cette création pouvait être pour lui la fortune : mais elle l'était sûrement pour la ville d'Evreux, dont la classe ouvrière tout entière devait en ressentir les bienfaits. Il ne faut pas oublier, en effet, que les constructions de toutes sortes, les améliorations constantes de ses établissements ont répandu des sommes énormes dans la ville ; il est donc juste de dire que tous les corps de métiers ont bénéficié du labeur de M. Boisard, et qu'à ce titre seul il mériterait la reconnaissance de tous.

Secondé par sa femme, animée de qualités supérieures, soutenu par elle dans les commencements toujours difficiles d'une entreprise aussi importante, il conquit rapidement la confiance. Et dans ces derniers temps, Messieurs, nous avons vu cette épouse bien-aimée sacrifiant tout, presque son existence, pour prolonger celle de son mari, ne reculant devant aucun sacrifice pour soulager la cruelle maladie qui l'étreignait, et on peut dire que Mme Boisard a prolongé, grâce à ses soins assidus, l'existence de son mari. Que de pauvres ils ont secourus, que de misères ils ont soulagées sans bruit, sans ostentation, mais avec discernement, comme la charité devrait toujours être faite !

Autoritaire, il l'était dans la bonne acception du mot ; il considérait avec raison que le patron ne doit rien abandonner de ses prérogatives dans l'intérêt même de ceux dont il a charge, les intérêts du patron étant indissolublement liés à ceux de ses ouvriers. Conservateur convaincu, il ne s'occupa pas de politique, estimant avec raison que l'homme d'affaires se doit exclusivement à ses affaires.

Il fit pendant de longues années partie du conseil des prud'hommes. Il fut également nommé administrateur de la Banque de France dès la création de la succursale d'Evreux, et ses avis, toujours marqués au coin de la sagesse, avaient un grand poids sur les décisions prises.

Les électeurs de la ville d'Evreux, reconnaissants des services rendus, lui ont, pendant de longues années et presque sans interruption, maintenu son siège au conseil municipal. Dans l'hiver de 1870, il prit une part des plus active aux secours qu'il fallait distribuer incessamment et sut, par sa fermeté, faire taire tous les mécontents. Sa présence au conseil municipal a marqué dans toutes les discussions. Il a toujours suivi avec la plus grande assiduité les séances, où sa compétence, dans la plus grande partie des questions agitées, faisait écouter ses conseils : il est juste de dire que M. Boisard s'attachait principalement aux questions qui, sous une forme quelconque, intéressaient l'amélioration du sort de tous. Mais dans ces derniers temps, esclave du devoir, il assistait encore à nos séances et n'a cessé de prendre part aux travaux du conseil que quand, vaincu par la maladie, il lui fut presque impossible de quitter la chambre. Mais, jusqu'au dernier moment, je puis affirmer qu'il s'intéressait encore aux affaires de la ville.

Les services qu'il a rendus à la ville d'Evreux méritaient une récompense, et, au moment de la visite de M. le président de la République en 1888, la masse de la population a été douloureusement surprise d'apprendre qu'à côté d'une autre distinction d'ailleurs parfaitement justifiée, on n'eût pas trouvé place pour récompenser le mérite de M. Boisard.

C'était déjà à l'époque où l'heure de la retraite approchait :
c'eût été le digne couronnement et la juste récompense
d'une vie de labeur, de droiture et d'honnêteté.

M. Boisard fut également membre de la chambre consul-
tative des arts et manufactures. Et qui donc plus que lui
était digne de faire partie de la chambre de commerce, lors
de sa création ? Et cependant son état de santé faisait
malheureusement prévoir qu'il n'eût pas joui longtemps
de cet honneur.

La vie de M. Boisard peut se résumer en deux mots :
ordre et travail : il ne connaissait que la droite ligne, le
but à atteindre, et aucun sacrifice ne lui coûtait pour l'atteindre. Une si longue carrière, si honorablement remplie,
mérite l'admiration et justifie les regrets profonds que
M. Boisard laisse après lui. L'affluence imposante groupée
autour de sa tombe en est le plus sûr garant. Puissent,
Messieurs, la manifestation de nos regrets, de nos senti-
ments d'estime et d'affection, les sympathies qui accom-
pagnent M. Boisard dans sa tombe consoler, ou tout au
moins adoucir, la profonde douleur de la digne compagne
de sa vie et de sa chère famille, trop chrétienne pour être
désespérée, trop aimante pour ne pas être inconsolable.

DISCOURS

de M. LUCAS

Il appartenait à une voix plus autorisée que la mienne de prononcer un suprême adieu de sympathie et de reconnaissance à celui qui fut l'un des créateurs et maîtres de notre industrie, la fabrication mécanique du coutil, à laquelle il a voué son existence entière et qu'il a su développer avec succès et faire prospérer.

En détournant mes regards autour de ces tombes, qui me rappellent des souvenirs tout intimes, je ne puis oublier, qu'il a été déjà devancé dans ce champ de douleur par d'autres de ses contemporains, qui retraceraient mieux que je ne le ferai toutes les phases de sa carrière commerciale et industrielle. Ainsi la mort semble-t-elle se complaire à poursuivre ses ravages dans nos rangs. Il y a peu d'années encore, elle frappait la jeunesse et l'âge mûr, et elle vient aujourd'hui nous enlever un de nos chefs les plus considérés, au moment où il aurait dû, après des jours si bien remplis, recueillir dans le repos les fruits de tant de labeurs et d'efforts assidus. J'essaierai néanmoins, malgré la différence d'âge qui me sépare de notre regretté confrère, de rendre un hommage bien mérité à cet homme du travail et du devoir qui fut M. Alexandre-Eugène Boisard.

Il naquit à Evreux, en 1825. Son père, originaire également de notre pays, était déjà fabricant de coutil à la main, lorsque son fils, après ses premières études, vint sous le toit paternel commencer l'apprentissage de cette voie nouvelle à laquelle il semblait tout prédestiné. Doué d'une grande intelligence avec une force de caractère et une ténacité d'esprit peu communes, il lui semblait déjà, à peine entré dans la lice, que l'horizon qui lui était ouvert par le tissage à la main n'était pas assez vaste et ne pourrait suffire un jour à toute l'activité de son travail. Aussi, après plusieurs recherches et tentatives infructueuses pour développer cette fabrication à la main, c'est vers 1860, époque où déjà s'installaient en France des métiers mécaniques pour le tissage des cotonnades, que germa dans son esprit l'idée d'appliquer au coutil ce même mode de tissage.

A dater de ce jour, commença réellement sa vie industrielle et se révélèrent en lui son génie inventif et une organisation d'élite. Son projet, une fois conçu, ne tarda pas à recevoir exécution. On le vit immédiatement se rendre à l'étranger et y puiser avec son esprit investigateur tous les renseignements techniques nécessaires pour mener à bonne fin son entreprise. Et, vers 1863, notre ville d'Evreux, on peut le dire avec orgueil, vit s'élever le premier tissage mécanique de coutil qui fut établi en France.

Ah! messieurs, vous le savez, vous-mêmes, lorsqu'il s'agit d'une création nouvelle, on n'arrive point à de tels résultats sans trouver sur son chemin obstacles et déceptions. Mais rien ne put arrêter ce grand travailleur. Il avait pleine confiance dans l'avenir de son œuvre. Pour ce motif, il ne se rebuta jamais et il sut en préparer et assurer lui-même le succès par son activité industrieuse et son travail opiniâtre.

« Vous ne serez donc point étonnés s'il ne se rendit pas aux conseils de ses amis et de sa famille, qui craignait de voir engloutir dans cette tentative hardie une fortune acquise depuis de longues années. Les protestations qui surgirent aussitôt de toutes parts, sans compter les récriminations d'une classe laborieuse, qui redoutait de voir menacés et réduits un jour par cette innovation ses moyens d'existence, ne purent non plus l'ébranler. Tout imbu de cette idée, que le travail triomphe de tout — *labor omnia vincit,* — il se mit à l'œuvre sans relâche.

« Dès le début, il s'appliqua, pour pouvoir commander plus tard d'une manière plus sûre et plus efficace, à connaître et étudier par lui-même ces nouveaux outils qui devaient transformer complètement la fabrication d'Evreux. Bientôt ses efforts furent couronnés de succès, et, six années après la construction de son premier établissement, pour faire face aux demandes de plus en plus nombreuses de ses produits, connus non-seulement en France, mais à l'étranger, il se vit obligé de faire des agrandissements et d'y adjoindre successivement teinturerie et filature.

« Ce n'est pas aussi sans peine assurément, croyez-le bien, Messieurs, qu'il fit accepter du consommateur cette fabrication nouvelle. Mais, malgré les déboires qu'il rencontra, doué comme il l'était d'une volonté invincible, il sut toujours les surmonter. La lutte des affaires ne l'effraya pas non plus. Il était persuadé que ses forces ne faibliraient jamais. Il fut toujours sur la brèche et le premier à la peine. C'est ainsi qu'il nous laisse à tous l'exemple du devoir.

« Vous sauriez le dire mieux que moi, vous ses dévoués

et chers collaborateurs, qui avez partagé avec lui les fatigues du métier et qui vous pressez à l'instant autour de ses restes pour apporter le dernier tribut de votre estime et de votre reconnaissance à celui qui fut non seulement votre patron, mais encore votre protecteur. J'en prends à témoin la sollicitude dont il vous entourait, et si, dans maintes occasions, sa voix autoritaire s'est fait entendre à votre égard, n'oubliez pas que son cœur aussi s'est ouvert largement, et que vous avez toujours rencontré chez lui l'âme charitable qui sait apporter la consolation et le soulagement à l'infortune.

« Ajouterai-je encore que son dévouement aux intérêts de la chose publique était toujours acquis? Une parole amie et plus éloquente que la mienne vient de vous édifier largement à ce sujet. C'est ainsi que s'est donc accomplie, au milieu d'un labeur incessant, cette vie modeste, simple et sans ambition.

« Son travail d'ailleurs suffisait à M. Boisard, et si les honneurs et distinctions qu'il avait bien mérités cependant, pour couronner une carrière aussi noblement et utilement remplie, ne lui ont pas été réservés, d'autres jouissances et satisfactions moins fragiles l'attendaient ailleurs; c'est au foyer domestique qu'il les rencontrait. Demandez-le plutôt, messieurs, à celle qui fut la compagne de sa vie, qui sut l'entourer de ses soins, et dont nous partageons tous ici la douleur en présence d'une séparation aussi cruelle. Interrogez son gendre, sa fille bien aimée et cette enfant encore à la fleur de l'âge, une de ses affections les plus chères en même temps que la consolation de ses vieux jours. C'est donc bien dans cette vie intime de la famille, tous vous le diront d'un commun accord, qu'il venait goûter les quelques heures de repos qu'il s'accordait après ses journées de labeurs et de fatigues. Voilà, Messieurs, la récompense de ses travaux qu'il a pu trouver ici bas, et laissons à Dieu, auquel il a bien voulu confier les derniers moments de son existence, le soin de récompenser comme il le mérite la vie de cet homme de bien.

« Adieu donc, cher confrère, adieu ! Vous emportez avec vous, sous la pierre qui vous recouvrira bientôt, toutes les sympathies et la reconnaissance d'une industrie à laquelle vous avez su attacher votre nom d'une manière impérissable ! — Adieu ! »

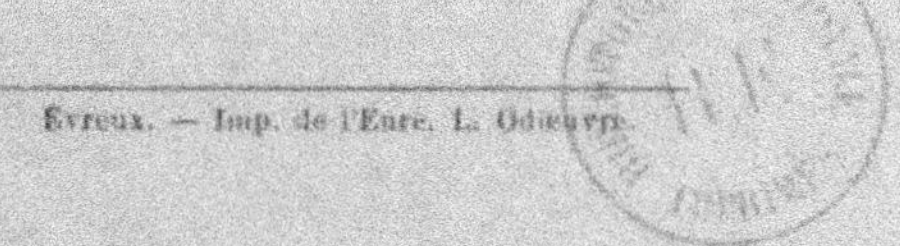

Évreux. — Imp. de l'Eure. L. Odieuvre.